AUSBILDUNG ENTSCHIEDENER NACHFOLGER

Ein Handbuch zur Unterstützung
von Jüngerschafts-Training in
Kleingruppen, Hausgemeinden und
Kurzzeit-Missionseinsätzen, die zu
Gemeindegründungs-Bewegungen führen.

Ausbildung entschiedener Nachfolger

Ein Handbuch zur Unterstützung von Jüngerschafts-Training in Kleingruppen, Hausgemeinden und Kurzzeit-Missionseinsätzen, die zu Gemeindegründungs-Bewegungen führen..

Von Daniel B. Lancaster, Ph.D.

Herausgegeben von: T4T Press

Erstausgabe, 2011

ISBN 978-1-938920-12-7 gedruckt

Alle Bibelzitate für die deutsche Übersetzung, sind www.bibleserver.com entnommen, Luther-Übersetzung 1984, © 2012 ERF Online & Deutsche Bibelgesellschaft, Stiftung Christ-liche Medien, Brunnen-Verlag, Genfer Bibelgesellschaft, Katholisches Bibelwerk, Crossway, Biblica, ERF Medien Schweiz, TWR

Library of Congress Cataloging-in-Publication Data

Lancaster, Daniel B.

Ausbildung entschiedener Nachfolger: Ein Handbuch zur Unterstützung von Jüngerschafts-Training in Kleingruppen, Hausgemeinden und Kurzzeit-Missionseinsätzen, die zu Gemeindegründungs-Bewegungen führen./Daniel B. Lancaster.

Enthält bibliographische Bezüge.

ISBN 978-0-9831387-0-9

1. Folge Jesus Training: Grundlegende Jüngerschaft – Vereinigte Staaten. 1. Titel.

Inhalt

Unterricht

Referenz

1

Willkommen

Die *Willkommens*-Einheit eröffnet das Training oder Seminar indem Trainer und Teilnehmer sich vorstellen. Die Trainer präsentieren den Teilnehmern die acht Bilder von Jesus folgendermaßen: der Soldat, der Suchende, der Hirte, der Sämann, der Sohn, der Heilige, der Diener und der Verwalter —mit den zugehörigen Handbewegungen. Da die Menschen durch Hören, Sehen und Tun lernen, beinhaltet das Folge Jesus Training jeden dieser Lernstile in jeder Einheit.

Die Bibel besagt, dass der Heilige Geist unser Lehrer ist; die Teilnehmer werden ermutigt, sich während des gesamten Trainings auf den Heiligen Geist zu verlassen. Die Einheit wird mit einer „Teestube" abgeschlossen, um bei Trainern und Teilnehmern eine entspanntere Atmosphäre zu schaffen, die Art von Rahmen, den die Jünger mit Jesus genossen haben.

LOBPREIS

EINSTIEG

Vorstellung der Trainer

Vorstellung der Teilnehmer

Vorstellung von Jesus

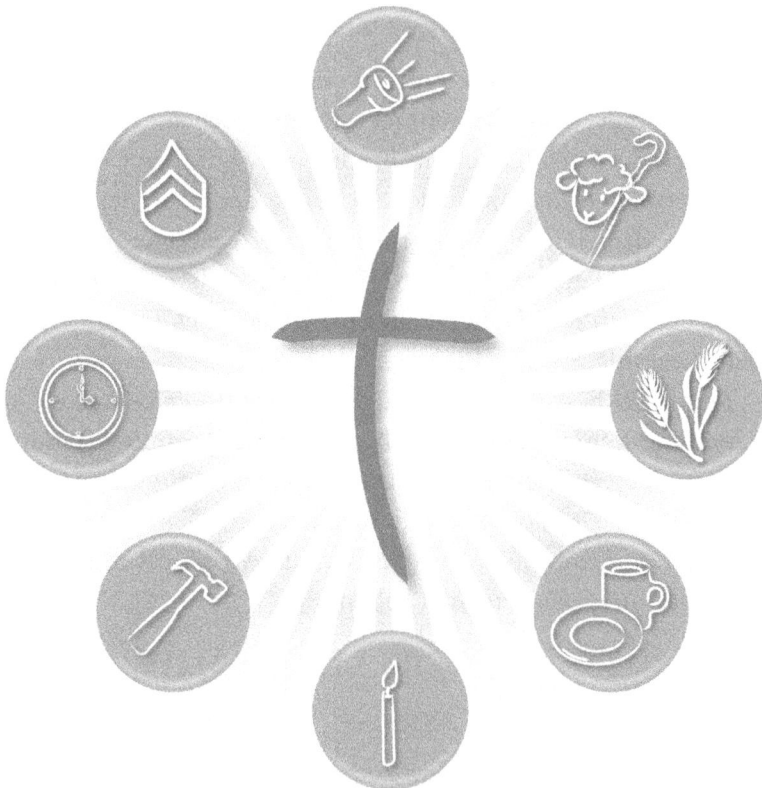

DIE ACHT BILDER VON JESUS IN DER BIBEL

✋ Soldat

    Schwert ziehen.

✋ Suchender

    Suchend umherschauen mit einer Hand an der Stirn oberhalb der Augen.

✋ Hirte

    Arme zum Körper hin bewegen, als ob man Menschen zusammenbringt.

✋ Sämann

    Samen mit den Händen ausstreuen.

✋ Sohn

    Hände zum Mund bewegen, als ob man essen würde.

✋ Heiliger

    Die Hände in die klassische „Gebetshaltung" bringen.

✋ Diener

    Einen Hammer führen.

✋ Verwalter

    Geld aus der Hemd- oder Hosentasche holen.

Welches sind die drei besten Lernmethoden?

🖐 Zuhören

Mit der Hand eine Muschel um das Ohr formen

🖐 Zuschauen

Auf die Augen zeigen

🖐 Taten

Eine knetende Bewegung mit den Händen machen

ABSCHLUSS

Die Teestube ist geöffnet! ☙

−Lukas 7, 31-35− Mit wem soll ich die Menschen dieses Geschlechts vergleichen, und wem sind sie gleich? Sie sind den Kindern gleich, die auf dem Markt sitzen und rufen einander zu: Wir haben euch aufgespielt und ihr habt nicht getanzt; wir haben Klagelieder gesungen und ihr habt nicht geweint. Denn Johannes der Täufer ist gekommen und aß kein Brot und trank keinen Wein; so sagt ihr: Er ist besessen. Der Menschensohn ist gekommen, isst und trinkt; so sagt ihr: Siehe, dieser Mensch ist ein Fresser und Weinsäufer, ein Freund der Zöllner und Sünder! Und doch ist die Weisheit gerechtfertigt worden von allen ihren Kindern.

2

Vervielfachung

Der *Vervielfachungs*-Teil stellt Jesus als einen Verwalter vor: Verwalter möchten eine gute Rendite für ihre Zeit und ihr Vermögen, und sie möchten rechtschaffen leben. Die Teilnehmer bekommen eine Vision der Fruchtbarkeit durch das Studium von 1) Gottes erstem Gebot an die Menschen, 2) Jesu letztem Gebot an die Menschen, 3) dem 222-Prinzip und 4) den Unterschieden zwischen dem See Genezareth und dem Toten Meer.

Die Einheit schließt mit einer praktischen Lernübung ab, welche den Unterschied zwischen "Ertrag" oder Frucht zeigt, zwischen einem Training anderer und dem bloßen Unterrichten anderer. Die Teilnehmer werden herausgefordert, andere zu trainieren in Lobpreis, Gebet, Studium von Gottes Wort und Dienst an anderen. Mit dieser Investition an Zeit, Vermögen und Integrität werden die Teilnehmer in der Lage sein, Jesus ein wunderbares Geschenk zu machen, wenn sie IHM im Himmel begegnen.

LOBPREIS

GEBET

LERNEN

Wiederholung

Wie sehen die acht Bilder aus, die uns helfen, Jesus nachzufolgen?

Unser geistliches Leben ist wie ein Ballon ⍟

Wie ist Jesus?

—Matthäus 6, 20-21— Sammelt euch aber Schätze im Himmel, wo sie weder Motten noch Rost fressen und wo die Diebe nicht einbrechen und stehlen. Denn wo dein Schatz ist, da ist auch dein Herz.

✋ So tun, als würde man Geld aus der Hemd- oder Hosentausche holen.

Welche drei Dinge tut ein Verwalter?

—Matthäus 25, 14-28— Denn es ist wie mit einem Menschen, der außer Landes ging: Er rief seine Knechte und vertraute

ihnen sein Vermögen an; dem einen gab er fünf Zentner Silber, dem andern zwei, dem dritten einen, jedem nach seiner Tüchtigkeit, und zog fort. Sogleich ging der hin, der fünf Zentner empfangen hatte, und handelte mit ihnen und gewann weitere fünf dazu. Ebenso gewann der, der zwei Zentner empfangen hatte, zwei weitere dazu. Der aber einen empfangen hatte, ging hin, grub ein Loch in die Erde und verbarg das Geld seines Herrn. Nach langer Zeit kam der Herr dieser Knechte und forderte Rechenschaft von ihnen. Da trat herzu, der fünf Zentner empfangen hatte, und legte weitere fünf Zentner dazu und sprach: Herr, du hast mir fünf Zentner anvertraut; siehe da, ich habe damit weitere fünf Zentner gewonnen. Da sprach sein Herr zu ihm: Recht so, du tüchtiger und treuer Knecht, du bist über wenigem treu gewesen, ich will dich über viel setzen; geh hinein zu deines Herrn Freude! Da trat auch herzu, der zwei Zentner empfangen hatte, und sprach: Herr, du hast mir zwei Zentner anvertraut; siehe da, ich habe damit zwei weitere gewonnen. Sein Herr sprach zu ihm: Recht so, du tüchtiger und treuer Knecht, du bist über wenigem treu gewesen, ich will dich über viel setzen; geh hinein zu deines Herrn Freude! Da trat auch herzu, der einen Zentner empfangen hatte, und sprach: Herr, ich wusste, dass du ein harter Mann bist: Du erntest, wo du nicht gesät hast, und sammelst ein, wo du nicht ausgestreut hast; und ich fürchtete mich, ging hin und verbarg deinen Zentner in der Erde. Siehe, da hast du das Deine. Sein Herr aber antwortete und sprach zu ihm: Du böser und fauler Knecht! Wusstest du, dass ich ernte, wo ich nicht gesät habe, und einsammle, wo ich nicht ausgestreut habe? Dann hättest du mein Geld zu den Wechslern bringen sollen, und wenn ich gekommen wäre, hätte ich das Meine wiederbekommen mit Zinsen. Darum nehmt ihm den Zentner ab und gebt ihn dem, der zehn Zentner hat.

11

1. _____

2. _____

3. _____

Welches Gebot gab Gott den Menschen als erstes?

–1. Mose 1, 28– Und Gott segnete sie und sprach zu ihnen: Seid fruchtbar und mehret euch und füllet die Erde und machet sie euch untertan und herrschet über die Fische im Meer und über die Vögel unter dem Himmel und über das Vieh und über alles Getier, das auf Erden kriecht.

_____

Welches Gebot gab Jesus den Menschen als letztes?

–Markus 16, 15– Und er sprach zu ihnen: Gehet hin in alle Welt und predigt das Evangelium aller Kreatur.

_____

Wie kann ich Frucht bringen und Vermehrung erzeugen?

-2. Timotheus 2, 2– Und was du von mir gehört hast vor vielen Zeugen, das befiehl treuen Menschen an, die tüchtig sind, auch andere zu lehren.

_____

See Genezareth/Totes Meer ❧

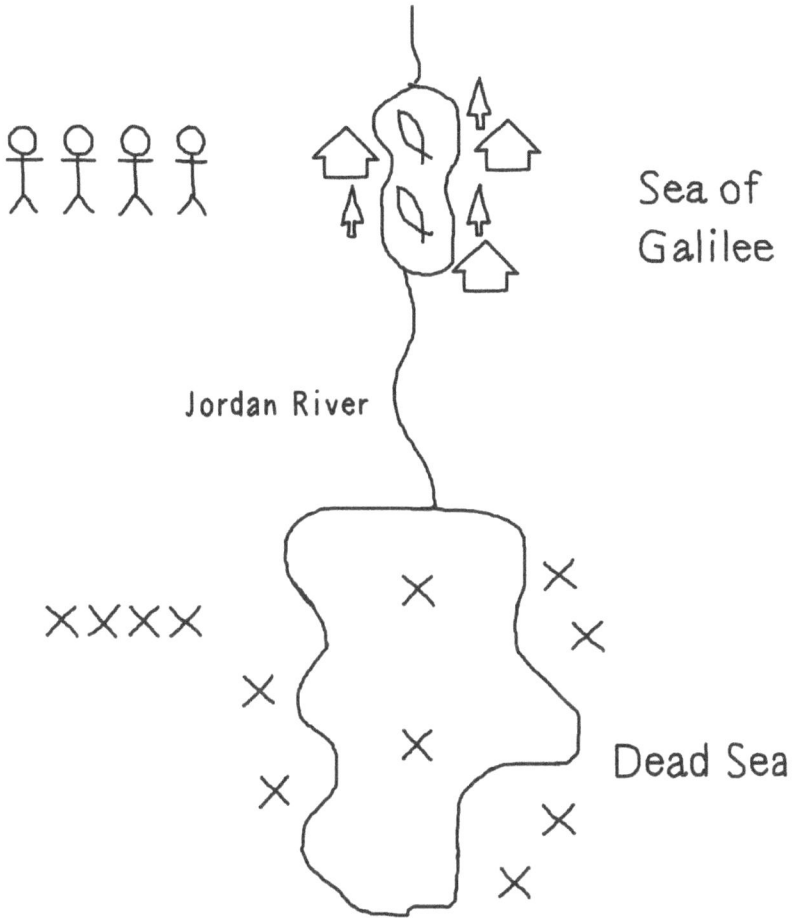

Sea of
Galilee

Jordan River

Dead Sea

Merkvers

–Johannes 15, 8– Darin wird mein Vater verherrlicht, dass ihr viel Frucht bringt und werdet meine Jünger.

ÜBUNG

„Die jüngere Person des Paares wird der Leiter sein."

ABSCHLUSS

Ein Geschenk für Jesus ❧

✋ Lobpreis
> Die Hände im Lobpreis zu Gott erheben.

✋ Gebet
> Die Hände in klassischer Gebetshaltung falten.

✋ Die Bibel lesen
> Die Handflächen nach oben halten, als ob man ein Buch liest.

✋ Anderen von Jesus erzählen
> Die Hand vorstrecken als ob man Samen aussät.

3

Liebe

Der *Liebe*-Teil bringt uns Jesus als den Hirten näher: Hirten leiten, schützen und füttern ihre Schafe. Wir „füttern" Menschen, wenn wir ihnen von Gottes Wort erzählen, aber was sollten wir ihnen als erstes über Gott beibringen? Die Teilnehmer entdecken das wichtigste Gebot, erkennen die Quelle der Liebe und finden heraus, wie man Lobpreis bringt auf der Basis des wichtigsten Gebots.

Die Teilnehmer üben die Leitung einer einfachen Jüngerschafts-Gruppe mit vier Schlüsselelementen: Lobpreis (Gott von ganzem Herzen zu lieben), Gebet (Gott mit ganzer Seele zu lieben), Bibelstudium (Gott mit ganzem Verstand zu lieben) und Fähigkeiten zu üben (Gott mit alle unserer Stärke zu lieben). Ein letztes Theaterspiel "Schafe und Tiger" zeigt den Bedarf an vielen Jüngerschafts-Gruppen unter den Gläubigen.

LOBPREIS

GEBET

1. Wie können wir für verlorene Menschen beten, die wir kennen, damit sie errettet werden?
2. Wie können wir für die Gruppe beten, die wir ausbilden?

LERNEN

Wiederholung

Welches sind die acht Bilder, die uns helfen, Jesus nachzufolgen?

Vermehrung
Welche drei Dinge tut ein Verwalter?
Welches war Gottes erstes Gebot an die Menschen?
Welches war das letzte Gebot von Jesus an die Menschen?
Wie kann ich Frucht bringen und mich Vermehrung erzeugen?
Wie heißen die zwei Gewässer in Israel?
Warum sind sie so verschieden?
Wie welcher von den beiden möchtest du sein?

Wie ist Jesus?

—Markus 6, 34— Und Jesus stieg aus und sah die große Menge; und sie jammerten ihn, denn sie waren wie Schafe, die keinen Hirten haben. Und er fing eine lange Predigt an.

Die Hände auf den Körper zu bewegen, als ob man Menschen ansammeln möchte.

Welche drei Dinge tut ein Hirte?

—Psalm 23, 1-6— Der HERR ist mein Hirte, mir wird nichts mangeln. Er weidet mich auf einer grünen Aue und führet mich zum frischen Wasser. Er erquicket meine Seele. Er führet mich auf rechter Straße um seines Namens willen. Und ob ich schon wanderte im finstern Tal, fürchte ich kein Unglück; denn du bist bei mir, dein Stecken und Stab trösten mich. Du bereitest vor mir einen Tisch im Angesicht meiner Feinde. Du salbest mein Haupt mit Öl und schenkest mir voll ein. Gutes und Barmherzigkeit werden mir folgen mein Leben lang, und ich werde bleiben im Hause des HERRN immerdar.

1. _____

2. _____

3. _____

Welches ist das wichtigste Gebot, das wir anderen beibringen können?

—Markus 12, 28-31— Und es trat zu ihm einer von den Schriftgelehrten, der ihnen zugehört hatte, wie sie miteinander stritten. Und als er sah, dass er ihnen gut geantwortet hatte, fragte er ihn: Welches ist das höchste Gebot von allen? Jesus aber antwortete ihm: Das höchste Gebot ist das: »Höre, Israel, der Herr, unser Gott, ist der Herr allein, und du sollst den Herrn, deinen Gott, lieben von ganzem Herzen, von ganzer Seele, von ganzem Gemüt und von allen deinen Kräften«. Das andre ist dies: »Du sollst deinen Nächsten lieben wie dich selbst« (3.Mose 19,18). Es ist kein anderes Gebot größer als diese.

1. _____

   🖐 Die Hände zu Gott erheben.

2. _____

   🖐 Die Hände den anderen entgegenstrecken.

Woher kommt die Liebe?

—1. Johannes 4, 7+8— Ihr Lieben, lasst uns einander lieb haben; denn die Liebe ist von Gott, und wer liebt, der ist von Gott geboren und kennt Gott. Wer nicht liebt, der kennt Gott nicht; denn Gott ist die Liebe.

🖐 Die Hände nach oben strecken, als ob man Liebe empfängt und dann die Liebe an Gott zurückgibt.

18

🖐 Hände nach oben strecken, als ob man Liebe empfängt und dann ausstrecken, als ob man sie an andere weitergibt.

Was ist einfacher Lobpreis?

🖐 Lobpreis

Hände im Lobpreis zu Gott erheben.

🖐 Gebet

Die Hände in der klassischen „Gebetshaltung" falten.

🖐 Lernen

Handflächen nach oben halten, als ob man ein Buch liest.

🖐 Übung

Hände vor und zurück bewegen, als ob man Saaten ausstreut.

Warum halten wir einfachen Lobpreis?

−Markus 12, 30− und du sollst den Herrn, deinen Gott, lieben von ganzem Herzen, von ganzer Seele, von ganzem Gemüt und von allen deinen Kräften«.

Wir...	daher werden wir...	Handbewegung
lieben Gott von ganzem Herzen	lobpreisen	Die Hände über das Herz halten und dann in Lobpreis zu Gott erheben.
lieben Gott von ganzer Seele	beten	die Hände ausstrecken und dann in klassischer Gebetshaltung falten
lieben Gott mit all unserem Verstand	lernen	eine Hand an die rechte Seite des Kopfes halten, als ob man nachdenkt und dann die Handflächen nach oben zeigen lassen, als ob man ein Buch liest
lieben Gott mit all unserer Kraft	weitergeben, was wir gelernt haben (üben)	Arme heben und Muskeln anspannen, dann eine Hand ausstrecken, als ob man Saaten ausstreut.

Wie viele Personen braucht man zum einfachen Lobpreis?

–Matthäus 18, 20– Denn wo zwei oder drei versammelt sind in meinem Namen, da bin ich mitten unter ihnen.

Merkvers

–Johannes 13, 34+35– Ein neues Gebot gebe ich euch, dass ihr euch untereinander liebt, wie ich euch geliebt habe, damit auch ihr einander lieb habt. Daran wird jedermann erkennen, dass ihr meine Jünger seid, wenn ihr Liebe untereinander habt.

ÜBUNG

„Die ältere Person des Paares wird der Leiter sein."

ABSCHLUSS

Einfacher Lobpreis

1. Was sagt uns diese Geschichte über Gott?
2. Was sagt uns diese Geschichte über Menschen?
3. Wie wird mir diese Geschichte dabei helfen, Jesus nachzufolgen?

Warum ist es für Sie wichtig, eine Jüngerschafts-Gruppe zu initiieren?

SCHAFE UND TIGER ❧

4

Gebet

Der *Gebets*-Teil stellt den Teilnehmern Jesus als den Heiligen vor. Er führte ein heiliges Leben und starb für uns am Kreuz. Gott gebietet uns, Heilige zu sein, wenn wir Jesus nachfolgen. Ein Heiliger preist Gott, führt ein heiliges Leben und betet für andere. Wenn wir dem Beispiel von Jesus im Gebet folgen, loben wir Gott, bereuen unsere Sünden, bitten Gott um das, was wir brauchen und sind bereit, das zu tun, worum ER uns bittet.

Gott beantwortet unsere Gebete auf eine von vier Arten: nein (wenn wir aus falschen Motiven bitten), langsam (wenn das Timing nicht stimmt), Wachstum (wenn wir mehr Reife entwickeln müssen, bevor er eine Antwort gibt) oder gehe (wenn wir nach seinem Wort und Willen bitten). Die Teilnehmer verinnerlichen sich Gottes Telefonnummer, 3-3-3, auf der Basis von Jeremia 33, 3 und werden ermutigt, Gott jeden Tag "anzurufen".

LOBPREIS

GEBET

1. Wie können wir für verlorene Menschen beten, die wir kennen, damit sie errettet werden?
2. Wie können wir für die Gruppe beten, die wir unterrichten?

LERNEN

Flüsterpost ∞

Wiederholung

Welches sind die acht Bilder, die uns helfen, Jesus nachzufolgen?

Vermehrung
Welche drei Dinge tut ein Verwalter?
Welches war Gottes erstes Gebot an die Menschen?
Welches war das letzte Gebot von Jesus an die Menschen?
Wie kann ich Frucht bringen und mich Vermehrung erzeugen?
Wie heißen die zwei Gewässer in Israel?
Warum sind sie so verschieden?
Wie welcher von den beiden möchtest du sein?

Liebe
Welche drei Dinge tut ein Hirte?
Welches ist das wichtigste Gebot, das wir anderen beibringen?
Wo kommt die Liebe her?

Was ist einfacher Lobpreis?

Warum halten wir einfachen Lobpreis ab?

Wie viele Personen benötigt man für einfachen Lobpreis?

Wie ist Jesus?

—Lukas 4, 33-35— Und es war ein Mensch in der Synagoge, besessen von einem unreinen Geist, und der schrie laut: Halt, was willst du von uns, Jesus von Nazareth? Du bist gekommen, uns zu vernichten. Ich weiß, wer du bist: der Heilige Gottes! Und Jesus bedrohte ihn und sprach: Verstumme und fahre aus von ihm! Und der böse Geist warf ihn mitten unter sie und fuhr von ihm aus und tat ihm keinen Schaden.

Die Hände in der klassischen „Gebetshaltung" falten

Welche drei Dinge tut ein Heiliger?

—Matthäus 21, 12-16— Und Jesus ging in den Tempel hinein und trieb heraus alle Verkäufer und Käufer im Tempel und stieß die Tische der Geldwechsler um und die Stände der Taubenhändler und sprach zu ihnen: Es steht geschrieben (Jesaja 56,7): »Mein Haus soll ein Bethaus heißen«; ihr aber macht eine Räuberhöhle daraus. Und es gingen zu ihm Blinde und Lahme im Tempel und er heilte sie. Als aber die Hohenpriester und Schriftgelehrten die Wunder sahen, die er tat, und die Kinder, die im Tempel schrien: Hosianna dem Sohn Davids!, entrüsteten sie sich und sprachen zu ihm: Hörst du auch, was diese sagen? Jesus antwortete ihnen: Ja! Habt ihr nie gelesen (Psalm 8,3): »Aus dem Munde der Unmündigen und Säuglinge hast du dir Lob bereitet«?

1. _____

2. _____

3. _____

Wie sollen wir beten?

—Lukas 10, 21— Zu der Stunde freute sich Jesus im Heiligen Geist und sprach: Ich preise dich, Vater, Herr des Himmels und der Erde, weil du dies den Weisen und Klugen verborgen hast und hast es den Unmündigen offenbart. Ja, Vater, so hat es dir wohlgefallen.

1. _____

✋ Hände in Anbetung erheben

—Lukas 18, 10-14— Es gingen zwei Menschen hinauf in den Tempel, um zu beten, der eine ein Pharisäer, der andere ein Zöllner. Der Pharisäer stand für sich und betete so: Ich danke dir, Gott, dass ich nicht bin wie die andern Leute, Räuber, Betrüger, Ehebrecher oder auch wie dieser Zöllner. Ich faste zweimal in der Woche und gebe den Zehnten von allem, was ich einnehme. Der Zöllner aber stand ferne, wollte auch die Augen nicht aufheben zum Himmel, sondern schlug an seine Brust und sprach: Gott, sei mir Sünder gnädig! Ich sage euch: Dieser ging gerechtfertigt hinab in sein Haus, nicht jener. Denn wer sich selbst erhöht, der wird erniedrigt werden; und wer sich selbst erniedrigt, der wird erhöht werden.

2. _____

✋ Handflächen nach außen gekehrt und das Gesicht abschirmend; Kopf abgewendet

—Lukas 11, 9— Und ich sage euch auch: Bittet, so wird euch gegeben; suchet, so werdet ihr finden; klopfet an, so wird euch aufgetan.

3. _____

✋ Hände zu Schalen geformt, um zu empfangen

—Lukas 22, 42— und sprach: Vater, willst du, so nimm diesen Kelch von mir; doch nicht mein, sondern dein Wille geschehe!

4. _____

✋ Hände zum Gebet gefaltet und hoch an die Stirn erhoben, um Respekt zu symbolisieren

Gemeinsames Gebet

Wie wird Gott uns antworten?

—Matthäus 20, 20-22— Da trat zu ihm die Mutter der Söhne des Zebedäus mit ihren Söhnen, fiel vor ihm nieder und wollte ihn um etwas bitten. Und er sprach zu ihr: Was willst du? Sie sprach zu ihm: Lass diese meine beiden Söhne sitzen in deinem Reich, einen zu deiner Rechten und den andern zu deiner Linken. Aber Jesus antwortete und sprach: Ihr wisst nicht, was ihr bittet. Könnt ihr den Kelch trinken, den ich trinken werde? Sie antworteten ihm: Ja, das können wir.

1. _____

✋ Kopfschütteln, um ein "nein" anzudeuten

—Johannes 11, 11-15— Das sagte er und danach spricht er zu ihnen: Lazarus, unser Freund, schläft, aber ich gehe hin, ihn aufzuwecken. Da sprachen seine Jünger: Herr, wenn er schläft, wird's besser mit ihm. Jesus aber sprach von seinem Tode; sie meinten aber, er rede vom leiblichen Schlaf. Da sagte es ihnen Jesus frei heraus: Lazarus ist gestorben; und ich bin froh um euretwillen, dass ich nicht da gewesen bin, damit ihr glaubt. Aber lasst uns zu ihm gehen!

2. _____

✋ Hände nach unten drücken, so als würde man ein Auto verlangsamen

—Lukas 9, 51-56— Es begab sich aber, als die Zeit erfüllt war, dass er hinweggenommen werden sollte, da wandte er sein Angesicht, stracks nach Jerusalem zu wandern. Und er sandte Boten vor sich her; die gingen hin und kamen in ein Dorf der Samariter, ihm Herberge zu bereiten. Und sie nahmen ihn nicht auf, weil er sein Angesicht gewandt hatte, nach Jerusalem zu wandern. Als aber das seine Jünger Jakobus und Johannes sahen, sprachen sie: Herr, willst du, so wollen wir sagen, dass Feuer vom Himmel falle und sie verzehre. Jesus aber wandte sich um und wies sie zurecht.1 Und sie gingen in ein andres Dorf.

3. _____

✋ Die Hände beschreiben eine Pflanze, die aufwächst

28

–Johannes 15, 7– Wenn ihr in mir bleibt und meine Worte in euch bleiben, werdet ihr bitten, was ihr wollt, und es wird euch widerfahren.

4. _____

✋ Kopfnicken, um ein „ja" anzudeuten und Hände vorwärtsbewegen, um ein „geh'" anzudeuten

Merkvers

–Lukas 11, 9– Und ich sage euch auch: Bittet, so wird euch gegeben; suchet, so werdet ihr finden; klopfet an, so wird euch aufgetan

ÜBUNG

„Die kleinere Person des Paares wird der Leiter sein."

ABSCHLUSS

Gottes Telefonnummer ০৪

–Jeremia 33, 3– Rufe mich an, so will ich dir antworten und will dir kundtun große und unfassbare Dinge, von denen du nichts weißt.

Zwei Hände – Zehn Finger ০৪

5

Gehorsam

Der *Gehorsams*-Teil stellt den Teilnehmern Jesus als einen Diener vor: Diener helfen Menschen; sie haben ein demütiges Herz, und sie gehorchen ihrem Meister. So wie Jesus seinem Vater diente und ihm nachfolgte, dienen wir nun ihm und folgen ihm nach. Als derjenige, der alle Autorität besitzt, hat er uns vier Gebote gegeben, die wir befolgen sollen: geht hin, macht zu Jüngern, tauft und lehrt sie alles halten, was ER befohlen hat. Jesus hat auch versprochen, dass er immer bei uns sein würde. Wenn Jesus ein Gebot gibt, sollten wir es immer befolgen, sofort, und mit einem liebevollen Herzen.

Jeder erlebt Stürme im Leben, aber ein weiser Mensch baut sein Leben darauf auf, den Geboten von Jesus zu gehorchen; der törichte Mensch tut das nicht. Schließlich fangen die Teilnehmer mit einer Karte von Apostelgeschichte 29 an, einem Bild ihres Erntefeldes, das sie am Ende des Jüngerschaftskurses vorstellen werden.

LOBPREIS

GEBET

1. Wie können wir für verlorene Menschen beten, die wir kennen, damit sie errettet werden?
2. Wie können wir für die Gruppe beten, die wir unterrichten?

LERNEN

Ententanz ଔ

Wiederholung

Welches sind die acht Bilder, die uns helfen, Jesus nachzufolgen?

Vermehrung
Welche drei Dinge tut ein Verwalter?
Welches war Gottes erstes Gebot an die Menschen?
Welches war das letzte Gebot von Jesus an die Menschen?
Wie kann ich Frucht bringen und mich Vermehrung erzeugen?
Wie heißen die zwei Gewässer in Israel?
Warum sind sie so verschieden?
Wie welcher von den beiden möchtest du sein?

Liebe

Welche drei Dinge tut ein Hirte?
Welches ist das wichtigste Gebot, das wir anderen beibringen?
Wo kommt die Liebe her?
Was ist einfacher Lobpreis?
Warum halten wir einfachen Lobpreis ab?
Wie viele Personen benötigt man für einfachen Lobpreis?

Gebet

Welche drei Dinge tut ein Heiliger?
Wie sollten wir beten?
Wie wird Gott uns antworten?
Wie lautet Gottes Telefonnummer?

Wie ist Jesus?

—Markus 10, 45— Denn auch der Menschensohn ist nicht gekommen, dass er sich dienen lasse, sondern dass er diene und sein Leben gebe als Lösegeld für viele.

🖐 So tun, als ob man einen Hammer führt

Welche drei Dinge tut ein Diener?

—Philipper 2, 5-8— Seid so unter euch gesinnt, wie es auch der Gemeinschaft in Christus Jesus entspricht: 1 Er, der in göttlicher Gestalt war, hielt es nicht für einen Raub, Gott gleich zu sein, sondern entäußerte sich selbst und nahm Knechtsgestalt an, ward den Menschen gleich und der Erscheinung nach als Mensch erkannt. Er erniedrigte sich selbst und ward gehorsam bis zum Tode, ja zum Tode am Kreuz.

1. _____

2. _____

3. _____

Wer hat die höchste Autorität auf der Welt?

—Matthäus 28, 18— Und Jesus trat herzu und sprach zu ihnen: Mir ist gegeben alle Gewalt im Himmel und auf Erden.

_____

Welches sind die vier Gebote, die Jesus jedem Gläubigen gegeben hat?

—Matthäus 28, 19-20a— Darum gehet hin und machet zu Jüngern alle Völker: Taufet sie auf den Namen des Vaters und des Sohnes und des Heiligen Geistes und lehret sie halten alles, was ich euch befohlen habe.

1. _____

✋ Finger in einer "Gehbewegung" vorwärtsbewegen

2. _____

✋ Alle vier Handbewegungen des einfachen Lobpreises: loben, beten, lernen, üben

34

3. _____

✋ Eine Hand auf den anderen Ellbogen legen und
diesen hoch und tief bewegen, so als ob jemand
getauft würde

4. _____

✋ Hände zusammenführen, als ob man ein Buch liest
und dann das "Buch" von links nach rechts hin und
her schieben, als ob man Menschen unterrichtet

Wie sollten wir Jesus gehorchen?

1. _____

✋ Die Hand von links nach rechts bewegen

2. _____

✋ Die Hände in einer schneidenden Bewegung von
oben nach unten bewegen

3. _____

✋ Die Hände über der Brust kreuzen und dann in
Anbetung zu Gott erheben

Was hat Jesus jedem Gläubigen versprochen?

*—Matthäus 28, 20b— Und siehe, ich bin bei euch alle Tage bis
an der Welt Ende.*

Merkvers

–Johannes 15, 10– Wenn ihr meine Gebote haltet, so bleibt ihr in meiner Liebe, wie ich meines Vaters Gebote halte und bleibe in seiner Liebe.

ÜBUNG

„Die größere Person des Paares wird der Leiter sein."

ABSCHLUSS

Auf das wahre Fundament bauen ଔ

– Matthäus 7, 24 - 25– Darum, wer diese meine Rede hört und tut sie, der gleicht einem klugen Mann, der sein Haus auf Fels baute. Als nun ein Platzregen fiel und die Wasser kamen und die Winde wehten und stießen an das Haus, fiel es doch nicht ein; denn es war auf Fels gegründet.

–Matthäus 7, 26 - 27– Und wer diese meine Rede hört und tut sie nicht, der gleicht einem törichten Mann, der sein Haus auf Sand baute. Als nun ein Platzregen fiel und die Wasser kamen und die Winde wehten und stießen an das Haus, da fiel es ein und sein Fall war groß.

Karte von Apostelgeschichte 29 - Teil 1 ଔ

6

Wandeln im Heiligen Geist

Der *Im Heiligen Geist wandeln*-Teil stellt Jesus den Teilnehmern als den Sohn vor: ein Sohn/eine Tochter ehrt seinen/ihren Vater, möchte Einheit und will, dass die Familie Erfolg hat. Der Vater nannte Jesus „geliebt" und der Heilige Geist kam auf Jesus herab bei seiner Taufe. Jesus war erfolgreich in seinem Dienst, weil er sich auf die Kraft des Heiligen Geistes verließ.

Auf dieselbe Weise müssen wir uns auf die Kraft des Heiligen Geistes verlassen in unserem Leben. Wir müssen vier Gebote befolgen, was den Heiligen Geist betrifft: im Geist wandeln, den Geist nicht betrüben, vom Geist erfüllt sein und den Geist nicht dämpfen. Jesus ist heute mit uns und möchte uns helfen, wie er auch den Menschen auf den Straßen Galiläas geholfen hat. Wir können zu Jesus rufen, wenn wir Heilung brauchen von etwas, das uns davon abhält, ihm nachzufolgen.

LOBPREIS

- Bitten Sie jemanden, für Gottes Gegenwart und Segen zu beten.
- Singen Sie zwei Lobpreislieder zusammen.

GEBET

1. Wie können wir für verlorene Menschen beten, die wir kennen, damit sie errettet werden?
2. Wie können wir für die Gruppe beten, die wir unterrichten?

LERNEN

Leerer Tank ☙

Wiederholung

Welches sind die acht Bilder, die uns helfen, Jesus nachzufolgen?

Vermehrung
Welche drei Dinge tut ein Verwalter?
Welches war Gottes erstes Gebot an die Menschen?
Welches war das letzte Gebot von Jesus an die Menschen?
Wie kann ich Frucht bringen und mich Vermehrung erzeugen?
Wie heißen die zwei Gewässer in Israel?
Warum sind sie so verschieden?
Wie welcher von den beiden möchtest du sein?

Liebe

Welche drei Dinge tut ein Hirte?
Welches ist das wichtigste Gebot, das wir anderen beibringen?
Wo kommt die Liebe her?
Was ist einfacher Lobpreis?
Warum halten wir einfachen Lobpreis ab?
Wie viele Personen benötigt man für einfachen Lobpreis?

Gebet

Welche drei Dinge tut ein Heiliger?
Wie sollten wir beten?
Wie wird Gott uns antworten?
Wie lautet Gottes Telefonnummer?

Gehorsam

Welche drei Dinge tut ein Diener?
Wer hat die höchste Autorität?
Welche vier Gebote hat Jesus jedem Gläubigen gegeben?
Wie sollten wir Jesus gehorchen?
Was hat Jesus uns versprochen?

Wie ist Jesus?

—Matthäus 3, 16-17— Und als Jesus getauft war, stieg er alsbald herauf aus dem Wasser. Und siehe, da tat sich ihm der Himmel auf, und er sah den Geist Gottes wie eine Taube herabfahren und über sich kommen. Und siehe, eine Stimme vom Himmel herab sprach: Dies ist mein lieber Sohn, an dem ich Wohlgefallen habe.

Hände zum Mund führen, als ob man isst. Söhne essen eine Menge!

Welche drei Dinge tut ein Sohn?

—Johannes 17, 4 + 18-21— Ich habe dich verherrlicht auf Erden und das Werk vollendet, das du mir gegeben hast, damit ich es tue. Wie du mich gesandt hast in die Welt, so sende ich sie auch in die Welt. Ich heilige mich selbst für sie, damit auch sie geheiligt seien in der Wahrheit. Ich bitte aber nicht allein für sie, sondern auch für die, die durch ihr Wort an mich glauben werden, damit sie alle eins seien. Wie du, Vater, in mir bist und ich in dir, so sollen auch sie in uns sein, damit die Welt glaube, dass du mich gesandt hast.

1. _____

2. _____

3. _____

Warum war der Dienst von Jesus erfolgreich?

—Lukas 4, 14— Und Jesus kam in der Kraft des Geistes wieder nach Galiläa und die Kunde von ihm erscholl durch alle umliegenden Orte.

_____

Was hat Jesus den Gläubigen vor dem Kreuz über den Heiligen Geist versprochen?

—Johannes 14, 16-18— Und ich will den Vater bitten und er wird euch einen andern Tröster geben, dass er bei euch sei in Ewigkeit: den Geist der Wahrheit, den die Welt nicht empfangen kann, denn sie sieht ihn nicht und kennt ihn nicht.

Ihr kennt ihn, denn er bleibt bei euch und wird in euch sein. Ich will euch nicht als Waisen zurücklassen; ich komme zu euch.

1. _____

2. _____

3. _____

4. _____

Was hat Jesus den Gläubigen nach seiner Auferstehung über den Heiligen Geist versprochen?

—Apostelgeschichte 1, 8— aber ihr werdet die Kraft des Heiligen Geistes empfangen, der auf euch kommen wird, und werdet meine Zeugen sein in Jerusalem und in ganz Judäa und Samarien und bis an das Ende der Erde.

_____

Welche vier Gebote gibt es bezüglich des Heiligen Geistes zu befolgen?

—Galater 5, 16— Ich sage aber: Lebt im Geist, so werdet ihr die Begierden des Fleisches nicht vollbringen.

1. _____

🖐 "Gehen" mit den Fingern beider Hände

—Epheser 4, 30— Und betrübt nicht den Heiligen Geist Gottes, mit dem ihr versiegelt seid für den Tag der Erlösung.

2. _____

✋ Die Augen reiben, als ob man weint und dann den Kopf schütteln, um ein „nein" anzudeuten

—Epheser 5, 18— Und sauft euch nicht voll Wein, woraus ein unordentliches Wesen folgt, sondern lasst euch vom Geist erfüllen.

3. _____

✋ Eine fließende Bewegung mit beiden Händen von den Füßen bis zum Kopf machen

—1. Thessalonicher 5, 19— Den Geist dämpft nicht.

4. _____

✋ Den rechten Zeigefinger wie eine Kerze hochhalten. So tun, als ob man diese ausblasen wollte. Kopf schütteln, um ein „Nein" zu signalisieren.

Merkvers

—Johannes 7, 38— Wer an mich glaubt, wie die Schrift sagt, von dessen Leib werden Ströme lebendigen Wassers fließen.

ÜBUNG

„Die Person des Paares, *die am weitesten vom Kursort entfernt wohnt*, wird der Leiter sein."

ABSCHLUSS

Jesus ist hier ∞

—Hebräer 13, 8– Jesus Christus gestern und heute und derselbe auch in Ewigkeit.

—Matthäus 15, 30-31– Und es kam eine große Menge zu ihm; die hatten bei sich Gelähmte, Verkrüppelte, Blinde, Stumme und viele andere Kranke und legten sie Jesus vor die Füße, und er heilte sie, sodass sich das Volk verwunderte, als sie sahen, dass die Stummen redeten, die Verkrüppelten gesund waren, die Gelähmten gingen, die Blinden sahen; und sie priesen den Gott Israels.

—Johannes 10, 10– Ein Dieb kommt nur, um zu stehlen, zu schlachten und umzubringen. Ich bin gekommen, damit sie das Leben und volle Genüge haben sollen.

7

Gehen

Der *Gehen*-Teil stellt Jesus als den Suchenden vor: Suchende suchen nach neuen Orten, verlorenen Menschen und neuen Möglichkeiten. Wie hat Jesus entschieden, wo er hingehen und dienen würde? Er hat es nicht selbst getan; er schaute, wo Gott wirkte; er schloss sich Gott an; und er wusste, dass Gott ihn liebt und es ihm zeigen würde. Wie sollten wir entscheiden, wo wir dienen? – auf dieselbe Art wie Jesus.

Wo wirkt Gott? Er wirkt unter den Armen, Gefangenen, Kranken und Unterdrückten. Ein anderer Ort, wo Gott wirkt, sind unsere Familien. Er möchte unsere gesamte Familie erretten. Die Teilnehmer zeichnen die Orte, an denen Gott wirkt in ihre Karte von Apostelgeschichte 29 ein.

LOBPREIS

GEBET

1. Wie können wir für verlorene Menschen beten, die wir kennen, damit sie errettet werden?
2. Wie können wir für die Gruppe beten, die wir unterrichten?

LERNEN

Wiederholung

Welches sind die acht Bilder, die uns helfen, Jesus nachzufolgen?

Soldat, Suchender, Hirte, Sämann, Sohn, Heiliger, Diener und Verwalter

Vermehrung

Welche drei Dinge tut ein Verwalter?

Welches war Gottes erstes Gebot an die Menschen?

Welches war das letzte Gebot von Jesus an die Menschen?

Wie kann ich Frucht bringen und mich Vermehrung erzeugen?

Wie heißen die zwei Gewässer in Israel?

Warum sind sie so verschieden?

Wie welcher von den beiden möchtest du sein?

Liebe

Welche drei Dinge tut ein Hirte?

Welches ist das wichtigste Gebot, das wir anderen beibringen?

Wo kommt die Liebe her?

Was ist einfacher Lobpreis?

Warum halten wir einfachen Lobpreis ab?

Wie viele Personen benötigt man für einfachen Lobpreis?

Gebet

Welche drei Dinge tut ein Heiliger?
Wie sollten wir beten?
Wie wird Gott uns antworten?
Wie lautet Gottes Telefonnummer?

Gehorsam

Welche drei Dinge tut ein Diener?
Wer hat die höchste Autorität?
Welche vier Gebote hat Jesus jedem Gläubigen gegeben?
Wie sollten wir Jesus gehorchen?
Was hat Jesus uns versprochen?
Wandeln im Geist
Welche drei Dinge tut ein Sohn?
Wo war die Quelle der Kraft im Dienst von Jesus?
Was hat Jesus den Gläubigen vor dem Kreuz über den Heiligen Geist versprochen?
Was hat Jesus den Gläubigen nach seiner Auferstehung über den Heiligen Geist versprochen?
Welche vier Gebote sollen im Bezug auf den Heiligen Geist befolgt werden?

Wie ist Jesus?

–Lukas 19, 10– Denn der Menschensohn ist gekommen, zu suchen und selig zu machen, was verloren ist.

Hin und her schauen mit einer Hand oberhalb der Augen

47

Welche drei Dinge tut ein Suchender?

—Markus 1, 37 + 38— Und als sie ihn fanden, sprachen sie zu ihm: Jedermann sucht dich. Und er sprach zu ihnen: Lasst uns anderswohin gehen, in die nächsten Städte, dass ich auch dort predige; denn dazu bin ich gekommen.

1. _____

2. _____

3. _____

Wie hat Jesus entschieden, wo er dient?

—Johannes 5, 19 + 20— Da antwortete Jesus und sprach zu ihnen: Wahrlich, wahrlich, ich sage euch: Der Sohn kann nichts von sich aus tun, sondern nur, was er den Vater tun sieht; denn was dieser tut, das tut gleicherweise auch der Sohn. Denn der Vater hat den Sohn lieb und zeigt ihm alles, was er tut, und wird ihm noch größere Werke zeigen, sodass ihr euch verwundern werdet.

1. _____

✋ Eine Hand auf das Herz legen und den Kopf schütteln für „nein"

2. _____

✋ Eine Hand oberhalb der Augen halten und suchend nach rechts und links schauen.

48

3. _____

🖐 Auf einen Ort weiter vorne zeigen und nicken für
"ja"

4. _____

🖐 Hände in Anbetung erheben und dann über dem
Herzen kreuzen.

Wie sollten wir entscheiden, wo wir dienen?

−1. Johannes 2, 5 + 6− Wer aber sein Wort hält, in dem ist wahrlich die Liebe Gottes vollkommen. Daran erkennen wir, dass wir in ihm sind. Wer sagt, dass er in ihm bleibt, der soll auch leben, wie er gelebt hat.

_____

Wie können wir wissen, dass Gott wirkt?

Johannes 6, 44− Es kann niemand zu mir kommen, es sei denn, ihn ziehe der Vater, der mich gesandt hat, und ich werde ihn auferwecken am Jüngsten Tage.

_____

Wo wirkt Jesus?

–Lukas 4, 18-19– »Der Geist des Herrn ist auf mir, weil er mich gesalbt hat, zu verkündigen das Evangelium den Armen; er hat mich gesandt, zu predigen den Gefangenen, dass sie frei sein sollen, und den Blinden, dass sie sehen sollen, und den Zerschlagenen, dass sie frei und ledig sein sollen, zu verkündigen das Gnadenjahr des Herrn.«

1. _____

2. _____

3. _____

4. _____

Wo ist ein weiterer Ort, an dem Jesus wirkt?

Der von Dämonen besessene Mann – Markus 5

Kornelius–Apostelgeschichte 10

Gefängniswärter in Philippi–Apostelgeschichte 16

Merkvers

–Johannes 12, 26– Wer mir dienen will, der folge mir nach; und wo ich bin, da soll mein Diener auch sein. Und wer mir dienen wird, den wird mein Vater ehren.

Übung

„Die Person des Paares, *mit den meisten Geschwistern*, wird der Leiter sein."

Abschluss

KARTE VON APOSTELGESCHICHTE 29 – Teil 2 ❧

8

Mitteilen

Der *Mitteilen*-Teil stellt Jesus als Soldaten vor: Soldaten kämpfen gegen Feinde, erdulden Bedrängnis und setzen die Gefangenen frei. Jesus ist ein Soldat, wenn wir ihm folgen, werden wir auch Soldaten sein.

Sobald wir uns Gott anschließen, wo er wirkt, erfahren wir geistliche Kriegsführung. Wie besiegen die Gläubigen Satan? Wir besiegen ihn durch Jesu Tod am Kreuz, indem wir unser Zeugnis mitteilen und uns nicht davor fürchten, für unseren Glauben zu sterben.

Zu einem kraftvollen Zeugnis gehört, die Geschichte meines Lebens weiterzuerzählen, bevor ich Jesus getroffen hatte, wie ich Jesus traf und den Unterschied, den ein Leben mit Jesus für mich ausmacht. Zeugnisse sind effektiver, wenn wir die Erzählzeit auf drei oder vier Minuten reduzieren, wenn wir unser Alter zum Zeitpunkt der Bekehrung weglassen (denn das Alter spielt keine Rolle) und wenn wir eine Sprache verwenden, die Ungläubige leicht verstehen können.

Die Lektion endet mit einem Wettbewerb: Wer kann am schnellsten die Namen von 40 verlorenen Menschen aufschreiben, die er oder sie kennt. Preise werden für den ersten, zweiten und dritten Platz vergeben, aber letztendlich bekommt jeder einen Preis, weil wir alle „Gewinner" sind, wenn wir wissen, wie wir Zeugnis ablegen.

LOBPREIS

GEBET

1. Wie können wir für verlorene Menschen beten, die wir kennen, damit sie errettet werden?
2. Wie können wir für die Gruppe beten, die wir unterrichten?

- Wenn ein Partner noch nicht damit begonnen hat, andere zu unterrichten, beten Sie für potenzielle Menschen in deren Einflussbereich, die sie unterrichten können.
- Die Partner beten zusammen.

LERNEN

Wiederholung

Welches sind die acht Bilder, die uns helfen, Jesus nachzufolgen?

Vermehrung
Welche drei Dinge tut ein Verwalter?
Welches war Gottes erstes Gebot an die Menschen?
Welches war das letzte Gebot von Jesus an die Menschen?
Wie kann ich Frucht bringen und mich Vermehrung erzeugen?

Wie heißen die zwei Gewässer in Israel?
Warum sind sie so verschieden?
Wie welcher von den beiden möchtest du sein?

Liebe

Welche drei Dinge tut ein Hirte?
Welches ist das wichtigste Gebot, das wir anderen beibringen?
Wo kommt die Liebe her?
Was ist einfacher Lobpreis?
Warum halten wir einfachen Lobpreis ab?
Wie viele Personen benötigt man für einfachen Lobpreis?

Gebet

Welche drei Dinge tut ein Heiliger?
Wie sollten wir beten?
Wie wird Gott uns antworten?
Wie lautet Gottes Telefonnummer?

Gehorsam

Welche drei Dinge tut ein Diener?
Wer hat die höchste Autorität?
Welche vier Gebote hat Jesus jedem Gläubigen gegeben?
Wie sollten wir Jesus gehorchen?
Was hat Jesus uns versprochen?

Wandeln im Geist

Welche drei Dinge tut ein Sohn?
Wo war die Quelle der Kraft im Dienst von Jesus?
Was hat Jesus den Gläubigen vor dem Kreuz über den Heiligen Geist versprochen?
Was hat Jesus den Gläubigen nach seiner Auferstehung über den Heiligen Geist versprochen?
Welche vier Gebote sollen im Bezug auf den Heiligen Geist befolgt werden?

Gehen

Welche drei Dinge tut ein Suchender?

Wie hat Jesus entschieden, wo er dient?

Wie sollten wir entscheiden, wo wir dienen?

Wie können wir wissen, dass Gott wirkt?

Wo wirkt Jesus?

Wo ist ein weiterer Ort, an dem Jesus wirkt?

Wie ist Jesus?

—Matthäus 26, 53— Oder meinst du, ich könnte meinen Vater nicht bitten, dass er mir sogleich mehr als zwölf Legionen Engel schickte?

Ein Schwert ziehen

Welche drei Dinge tut ein Soldat?

—Markus 1, 12-15— Und alsbald trieb ihn der Geist in die Wüste; und er war in der Wüste vierzig Tage und wurde versucht von dem Satan und war bei den wilden Tieren, und die Engel dienten ihm. Nachdem aber Johannes gefangen gesetzt war, kam Jesus nach Galiläa und predigte das Evangelium Gottes und sprach: Die Zeit ist erfüllt und das Reich Gottes ist herbeigekommen. Tut Buße und glaubt an das Evangelium!

1. _____

2. _____

3. _____

Wie besiegen wir den Satan?

–Offenbarung 12, 11 Und sie haben ihn überwunden durch des Lammes Blut und durch das Wort ihres Zeugnisses und haben ihr Leben nicht geliebt bis hin zum Tod.

1. _____

   🖐 Auf beide Handflächen mit dem Mittelfinger zeigen – Zeichensprache für Kreuzigung

2. _____

   🖐 Die Hände als Trichter um den Mund formen, als ob man zu jemandem spricht

3. _____

   🖐 Handgelenke zusammenhalten, als ob sie in Ketten lägen

Wie sieht der Aufbau eines effektiven Zeugnisses aus?

1. _____

   🖐 Nach vorne links zeigen

2. _____

   🖐 In die Mitte nach vorne zeigen

3. _____

✋ Nach rechts und die Hände hoch und tief bewegen

4. _____

✋ An die Schläfe deuten – als ob man über eine
Frage nachdenkt

Welche wichtigen Richtlinien sollte man befolgen?

1. _____

2. _____

3. _____

Merkvers

−1. Korinther 15, 3 + 4− Denn als Erstes habe ich euch weitergegeben, was ich auch empfangen habe: Dass Christus gestorben ist für unsre Sünden nach der Schrift; und dass er begraben worden ist; und dass er auferstanden ist am dritten Tage nach der Schrift;

ÜBUNG

„Die *lauteste* Person wird der Leiter sein, die Person, die anfängt."

Salz und Zucker ❧

ABSCHLUSS

Wer kann am schnellsten vierzig verlorene Menschen auflisten? ❧

9

Säen

Der *Säen*-Teil stellt Jesus als den Sämann vor: Sämänner pflanzen Saaten, bestellen ihre Felder und freuen sich über eine große Ernte. Jesus ist ein Sämann und er lebt in uns; wenn wir ihm folgen, werden wir auch Säleute. Wenn wir wenig aussäen, werden wir wenig ernten. Wenn wir viel aussäen, werden wir viel ernten.

Was sollten wir in das Leben von Menschen säen? Nur das einfache Evangelium kann sie verändern und zurück in Gottes Familie bringen. Sobald wir merken, dass Gott im Leben eines Menschen wirkt, teilen wir das einfache Evangelium mit. Wir wissen, dass es Gottes Macht ist, die ihn oder sie errettet.

LOBPREIS

GEBET

1. Wie können wir für verlorene Menschen beten, die wir kennen, damit sie errettet werden?
2. Wie können wir für die Gruppe beten, die wir unterrichten?

LERNEN

Wiederholung

Welches sind die acht Bilder, die uns helfen, Jesus nachzufolgen?

Vermehrung
Welche drei Dinge tut ein Verwalter?
Welches war Gottes erstes Gebot an die Menschen?
Welches war das letzte Gebot von Jesus an die Menschen?
Wie kann ich Frucht bringen und mich Vermehrung erzeugen?
Wie heißen die zwei Gewässer in Israel?
Warum sind sie so verschieden?
Wie welcher von den beiden möchtest du sein?

Liebe
Welche drei Dinge tut ein Hirte?
Welches ist das wichtigste Gebot, das wir anderen beibringen?
Wo kommt die Liebe her?
Was ist einfacher Lobpreis?
Warum halten wir einfachen Lobpreis ab?
Wie viele Personen benötigt man für einfachen Lobpreis?

Gebet

Welche drei Dinge tut ein Heiliger?

Wie sollten wir beten?

Wie wird Gott uns antworten?

Wie lautet Gottes Telefonnummer?

Gehorsam

Welche drei Dinge tut ein Diener?

Wer hat die höchste Autorität?

Welche vier Gebote hat Jesus jedem Gläubigen gegeben?

Wie sollten wir Jesus gehorchen?

Was hat Jesus uns versprochen?

Wandeln im Geist

Welche drei Dinge tut ein Sohn?

Wo war die Quelle der Kraft im Dienst von Jesus?

Was hat Jesus den Gläubigen vor dem Kreuz über den Heiligen Geist versprochen?

Was hat Jesus den Gläubigen nach seiner Auferstehung über den Heiligen Geist versprochen?

Welche vier Gebote sollen im Bezug auf den Heiligen Geist befolgt werden?

Gehen

Welche drei Dinge tut ein Suchender?

Wie hat Jesus entschieden, wo er dient?

Wie sollten wir entscheiden, wo wir dienen?

Wie können wir wissen, dass Gott wirkt?

Wo wirkt Jesus?

Wo ist ein weiterer Ort, an dem Jesus wirkt?

Mitteilen

Was sind drei Dinge, die ein Soldat tut?

Wie besiegen wir den Satan?

Wie sieht der Aufbau eines kraftvollen Zeugnisses aus?

Welche wichtigen Richtlinien sollte man befolgen?

Wie ist Jesus?

—Matthäus 13, 36 + 37— Da ließ Jesus das Volk gehen und kam heim. Und seine Jünger traten zu ihm und sprachen: Deute uns das Gleichnis vom Unkraut auf dem Acker. Er antwortete und sprach zu ihnen: Der Menschensohn ist's, der den guten Samen sät.

✋ Mit der Hand Samen ausstreuen

Welche drei Dinge tut ein Sämann?

—Markus 4, 26-29— Und er sprach: Mit dem Reich Gottes ist es so, wie wenn ein Mensch Samen aufs Land wirft und schläft und aufsteht, Nacht und Tag; und der Same geht auf und wächst - er weiß nicht wie. Denn von selbst bringt die Erde Frucht, zuerst den Halm, danach die Ähre, danach den vollen Weizen in der Ähre. Wenn sie aber die Frucht gebracht hat, so schickt er alsbald die Sichel hin; denn die Ernte ist da.

1. _____

2. _____

3. _____

Was ist das einfache Evangelium?

—Lukas 24, 1-7— Aber am ersten Tag der Woche sehr früh kamen sie zum Grab und trugen bei sich die wohlriechenden Öle, die sie bereitet hatten. Sie fanden aber den Stein

weggewälzt von dem Grab und gingen hinein und fanden den Leib des Herrn Jesus nicht. Und als sie darüber bekümmert waren, siehe, da traten zu ihnen zwei Männer mit glänzenden Kleidern. Sie aber erschraken und neigten ihr Angesicht zur Erde. Da sprachen die zu ihnen: Was sucht ihr den Lebenden bei den Toten? Er ist nicht hier, er ist auferstanden. Gedenkt daran, wie er euch gesagt hat, als er noch in Galiläa war: Der Menschensohn muss überantwortet werden in die Hände der Sünder und gekreuzigt werden und am dritten Tage auferstehen.

ZUERST...

1. _____

    Einen großen Kreis mit den Händen beschreiben

2. _____

    Beide Hände fest umklammern

ALS ZWEITES...

1. _____

    Fäuste erheben und so tun, als ob man kämpft

2. _____

    Beide Hände fest umklammern und dann auseinanderziehen

ALS DRITTES...

1. _____

   ✋ Hände über den Kopf erheben und nach unten
   bewegen

2. _____

   ✋ Den Mittelfinder jeder Hand in die Handfläche der
   anderen Hand legen.

3. _____

   ✋ Den rechten Ellbogen mit der linken Hand halten
   und den rechten Arm zurück bewegen, als ob er
   begraben würde.

4. _____

   ✋ Den Arm mit drei Fingern wieder nach oben
   bringen

5. _____

   ✋ Hände nach unten führen mit den Handflächen
   nach außen. Dann die Arme erheben und über dem
   Herzen kreuzen.

ALS VIERTES...

1. _____

   ✋ Hände erheben zu dem, an den wir glauben

2. _____

   ✋ Handflächen nach außen schirmen das Gesicht ab;
   Kopf abgewandt

3. _____

   ✋ Hände zu Schalen formen

4. _____

   ✋ Hände fest umklammern

Merkvers

*–Lukas 8, 15– Das aber auf dem guten Land sind die, die das
Wort hören und behalten in einem feinen, guten Herzen und
bringen Frucht in Geduld.*

ÜBUNG

ABSCHLUSS

Wo liegt Apostelgeschichte 29, 21? ෬

KARTE VON APOSTELGESCHICHTE 29 – Teil 3 ෬

10

Kreuz auf sich nehmen

Der *Kreuz auf sich nehmen*-Teil ist die Abschluss-Lektion des Kurses. Jesus hat uns geboten, jeden Tag unser Kreuz auf uns zu nehmen und ihm zu folgen. Die Karte von Apostelgeschichte 29 ist ein Bild des Kreuzes, welches zu tragen Jesus jeden Teilnehmer aufgefordert hat.

In dieser letzten Lektion stellen die Teilnehmer ihre Karte von Apostelgeschichte 29 der Gruppe vor. Nach jeder Präsentation legt dir Gruppe ihre Hände auf die vorstellende Person und die Karte von Apostelgeschichte 29, betet für Gottes Segen und Salbung auf dem Dienst. Die Gruppe spornt den Präsentierenden an indem sie dreimal das Gebot wiederholt "Nimm dein Kreuz auf und folge Jesus". Die Teilnehmer präsentieren ihre Karte von Apostelgeschichte 29 der Reihe nach bis alle fertig sind. Die Kurszeit endet mit einem Lobpreislied der Hingabe, Jünger zu gewinnen und einem abschließenden Gebet durch einen anerkannten geistlichen Leiter.

LOBPREIS

GEBET

WIEDERHOLUNG

Welches sind die acht Bilder, die uns helfen, Jesus nachzufolgen?

Vermehrung

Welche drei Dinge tut ein Verwalter?

Welches war Gottes erstes Gebot an die Menschen?

Welches war das letzte Gebot von Jesus an die Menschen?

Wie kann ich Frucht bringen und mich Vermehrung erzeugen?

Wie heißen die zwei Gewässer in Israel?

Warum sind sie so verschieden?

Wie welcher von den beiden möchtest du sein?

Liebe

Welche drei Dinge tut ein Hirte?

Welches ist das wichtigste Gebot, das wir anderen beibringen?

Wo kommt die Liebe her?

Was ist einfacher Lobpreis?

Warum halten wir einfachen Lobpreis ab?

Wie viele Personen benötigt man für einfachen Lobpreis?

Gebet

Welche drei Dinge tut ein Heiliger?

Wie sollten wir beten?

Wie wird Gott uns antworten?

Wie lautet Gottes Telefonnummer?

Gehorsam

Welche drei Dinge tut ein Diener?

Wer hat die höchste Autorität?

Welche vier Gebote hat Jesus jedem Gläubigen gegeben?

Wie sollten wir Jesus gehorchen?

Was hat Jesus uns versprochen?

Wandeln im Geist

Welche drei Dinge tut ein Sohn?

Wo war die Quelle der Kraft im Dienst von Jesus?

Was hat Jesus den Gläubigen vor dem Kreuz über den Heiligen Geist versprochen?

Was hat Jesus den Gläubigen nach seiner Auferstehung über den Heiligen Geist versprochen?

Welche vier Gebote sollen im Bezug auf den Heiligen Geist befolgt werden?

Gehen

Welche drei Dinge tut ein Suchender?

Wie hat Jesus entschieden, wo er dient?

Wie sollten wir entscheiden, wo wir dienen?

Wie können wir wissen, dass Gott wirkt?

Wo wirkt Jesus?

Wo ist ein weiterer Ort, an dem Jesus wirkt?

Mitteilen

Was sind drei Dinge, die ein Soldat tut?

Wie besiegen wir den Satan?

Wie sieht der Aufbau eines kraftvollen Zeugnisses aus? Welche wichtigen Richtlinien sollte man befolgen?

Säen

Welche drei Dinge tut ein Sämann?

Wie sieht das einfache Evangelium aus, das wir mitteilen?

LERNEN

Was gebietet Jesus seinen Nachfolgern täglich zu tun?

–Lukas 9, 23– Da sprach er zu ihnen allen: Wer mir folgen will, der verleugne sich selbst und nehme sein Kreuz auf sich täglich und folge mir nach.

_____

Welche vier Stimmen fordern uns auf, unser Kreuz auf uns zu nehmen?

–Markus 16, 15– Und er sprach zu ihnen: Gehet hin in alle Welt und predigt das Evangelium aller Kreatur.

1. _____

   ✋ Mit dem Finger nach oben zum Himmel zeigen

–Lukas 16, 27-28– Da sprach er: So bitte ich dich, Vater, dass du ihn sendest in meines Vaters Haus; denn ich habe noch fünf Brüder, die soll er warnen, damit sie nicht auch kommen an diesen Ort der Qual.

2. _____

   ✋ Mit dem Finger auf den Boden zeigen

−1. Korinther 9, 16− Denn dass ich das Evangelium predige, dessen darf ich mich nicht rühmen; denn ich muss es tun. Und wehe mir, wenn ich das Evangelium nicht predigte!

3. _____

🖐 Mit dem Finger auf das Herz zeigen

−Apostelgeschichte 16, 9− Und Paulus sah eine Erscheinung bei Nacht: Ein Mann aus Mazedonien stand da und bat ihn: Komm herüber nach Mazedonien und hilf uns!

4. _____

🖐 Die Hände zur Gruppe ausstrecken und eine
"Komm her" Bewegung ausführen

PRÄSENTATIONEN

KARTEN VON APOSTELGESCHICHTE 29 ☙

Trainer Ausbilden

Dieser Abschnitt zeigt auf, wie man Trainer auf eine nachvollziehbare Weise ausbildet. Zuerst möchten wir Ihnen die Ergebnisse mitteilen, die Sie realistischerweise erwarten können nachdem Sie andere mit *Ausbildung entschiedener Nachfolger* unterrichtet haben. Danach werden wir Ihnen den Trainingsprozess aufzeigen, welcher folgendes beinhaltet 1) Lobpreis, 2) Gebet, 3) Lernen und 4) Übung auf der Basis des wichtigsten Gebots. Schließlich werden wir einige der Schlüsselprinzipien verraten, die wir entdeckten, während wir Tausende von Trainern ausgebildet haben.

ERGEBNISSE

Nach dem Abschluss von *Ausbildung entschiedener Nachfolger,* werden die Lernenden zu folgendem in der Lage sein:

- Zehn grundlegende Jüngerschafts-Lektionen zu unterrichten auf der Basis von Christi Umgang mit anderen, indem sie einen nachvollziehbaren Trainingsprozess anwenden.
- Acht klare Bilder abzurufen, die einen Nachfolger von Jesus zeigen.
- Eine einfache Lobpreiseinheit in der Kleingruppe anzuleiten auf der Basis des wichtigsten Gebots.

- Ein mächtiges Zeugnis weiterzugeben und das Evangelium mit Zuversicht zu präsentieren.
- Eine konkrete Vision zur Erreichung der Verlorenen zu präsentieren und die Gläubigen anzuleiten, eine Karte von Apostelgeschichte 29 zu verwenden.
- Gruppen von Nachfolgern ins Leben zu rufen (aus denen manche zu Gemeinden werden) und andere auszubilden, dasselbe zu tun.

PROZESS

Jede Einheit folgt demselben Format. Nachfolgend ist die Reihenfolge und geschätzte Zeit aufgelistet:

LOBPREIS

- 10 Minuten
- Bitten Sie jemanden, die Einheit zu beginnen und für Gottes Segen und Leitung für jeden in der Gruppe zu beten. Betrauen Sie jemanden in der Gruppe mit der Aufgabe, ein paar Lobpreislieder (abhängig vom Thema) anzuleiten; ein Instrument kann wahlweise dazu genommen werden.

GEBET

- 10 Minuten
- Teilen Sie die Teilnehmer paarweise auf mit jemandem, mit dem sie vorher noch nicht als Partner zusammengearbeitet hatten. Die Partner besprechen zusammen die Antworten auf zwei Fragen:

1. Wie können wir für verlorene Menschen beten, die wir kennen, damit sie errettet werden?
2. Wie können wir für die Gruppe beten, die wir ausbilden?

- Wenn ein Teilnehmer noch keine Gruppe gestartet hat, sollte der Partner mit demjenigen daran arbeiten, eine Liste möglicher Freunde und Familienmitglieder zu erstellen, die unterrichtet werden können. Beten Sie dann mit dem Teilnehmer für die Menschen auf der Liste.

LERNEN

Das Folge Jesus Trainings-System wendet den folgenden Prozess an: Lobpreis, Gebet, Lernen und Übung. Dieser Prozess basiert auf dem einfachen Lobpreismodell, welches am Anfang auf Seite 36 beschrieben ist. Für die zehn Lektionen im FJT Handbuch ist der „Lern"-Teil nachfolgend beschrieben.

- 30 Minuten
- Jede "Lern"-Einheit beginnt mit einer „Wiederholung". Es ist eine Wiederholung der acht Bilder von Christus und der bisher durchgenommenen Lektionen. Bis zum Ende des Kurses werden die Teilnehmer in der Lage sein, den gesamten Kurs auswendig zu wiederholen.
- Nach der "Wiederholung" unterrichtet der Trainer oder Auszubildende die Teilnehmer in der aktuellen Lektion und betont, dass die Teilnehmer gut zuhören sollten, da sie danach einander gegenseitig unterrichten sollen.
- Wenn die Trainer die Lektion präsentieren, sollten sie die folgende Abfolge verwenden:

1. Stellen Sie die Frage.
2. Lesen Sie die Bibelstelle.
3. Ermutigen Sie die Teilnehmer, die Frage zu beantworten.

Dieser Prozess setzt das Wort Gottes als Autorität über das Leben ein und nicht den Lehrer. Allzu oft stellen Lehrer eine Frage, beantworten sie selbst und untermauern ihre Antwort dann mit Bibelstellen. Diese Reihenfolge setzt den Lehrer als Autorität ein anstatt Gottes Wort.

- Wenn die Teilnehmer die Frage falsch beantworten, korrigieren Sie sie nicht, sondern bitten Sie die Teilnehmer, die Bibelstelle laut zu lesen und noch einmal zu antworten.
- Jede Lektion endet mit einem Merkvers. Die Trainer und die Teilnehmer stehen beisammen und wiederholen den Merkvers zehnmal; zuerst wird die Bibelstelle genannt und danach der Vers. Die Teilnehmer können bei den ersten sechs Wiederholungen des Verses ihre Bibeln oder Lernhilfen verwenden. Die letzten vier Male wiederholt die Gruppe jedoch den Vers auswendig. Die ganze Gruppe wiederholt den Vers zehnmal und setzt sich dann wieder hin.

ÜBUNG

- 30 Minuten
- Vorher haben sich die Teilnehmer für den "Gebets"-Teil aufgeteilt. Ihr Gebetspartner ist auch ihr Partner für die Übung.
- Jede Lektion beinhaltet eine Methode, den "Leiter" des Paares zu bestimmen. Der Leiter ist die Person, die als erstes unterrichtet. Der Trainer kündigt der Gruppe die Methode an, mit welcher der Leiter des Paares bestimmt wird.

- Die Leiter unterrichten ihre Partner, indem sie den Trainer nachahmen. Die Trainingszeit sollte die Wiederholung und die neue Lektion beinhalten und mit dem Merkvers aufhören. Die Teilnehmer stehen bei der Wiederholung des „Merkverses" und setzen sich wieder, wenn dies abgeschlossen ist, damit die Trainer sehen, welche Teilnehmer fertig sind.
- Wenn die erste Person eines Paares fertig ist, wiederholt die zweite Person den Prozess, so dass auch sie das Unterrichten üben können. Stellen Sie sicher, dass das Paar nichts überspringt oder den Prozess abkürzt.
- Gehen Sie im Raum herum während sie üben, um zu gewährleisten, dass sie Ihnen genau folgen. Wenn die Handbewegungen fehlen, ist es ein verräterisches Zeichen, dass sie Sie nicht nachahmen. Betonen Sie immer wieder, dass sie Ihren Stil kopieren sollten.
- Lassen Sie die Gruppe neue Partner finden und wieder abwechselnd üben.

ABSCHLUSS

- 20 Minuten
- Die meisten Lektionen enden mit einer praktischen Anwendung des Gelernten. Geben Sie den Teilnehmer jede Menge Zeit, an ihrer Karte von Apostelgeschichte 29 zu arbeiten und ermutigen Sie sie, herumzugehen und Ideen von anderen aufzugreifen, während sie daran arbeiten.
- Teilen Sie alle nötigen Ankündigungen mit und bitten Sie dann jemanden, um Segen für diese Lektion zu beten. Bitten Sie jemanden, zu beten, der vorher noch nicht gebetet hat – am Ende des Trainings sollte jeder zumindest einmal das Abschlussgebet gesprochen haben.

Einfacher Lobpreis

Einfacher Lobpreis ist ein wichtiger Bestandteil des Folge Jesus Trainings – eine der Schlüsselfähigkeiten bei der Ausbildung von Nachfolgern. Auf der Basis des höchsten Gebotes bringt einfacher Lobpreis den Menschen bei, wie sie dem Gebot folgen, Gott von ganzem Herzen, ganzer Seele, ganzem Verstand und ganzer Kraft zu lieben.

Wir lieben Gott aus tiefstem Herzen, daher loben wir IHN. Wir lieben Gott mit ganzer Seele, daher beten wir IHN an. Wir lieben Gott mit ganzem Verstand, daher lesen wir die Bibel. Schließlich lieben wir Gott mit all unserer Kraft, daher wenden wir an, was wir gelernt haben, um es mit anderen zu teilen.

Gott hat Kleingruppen in ganz Südostasien gesegnet, die entdeckt haben, dass sie überall einfachen Lobpreis ausüben können – zu Hause, in Restaurants, im Park, in der Sonntagsschule und sogar in der Pagode!

ZEITPLAN

- Eine vierköpfige Gruppe braucht normalerweise etwa 20 Minuten für eine einfache Lobpreiszeit.
- In einem ähnlichen Rahmen halten wir einfachen Lobpreis zu Beginn des Tages und/oder nach dem Mittagessen ab.
- Wenn Sie zum ersten Mal einfachen Lobpreis durchführen, geben Sie ein Beispiel für die Gruppe ab; nehmen Sie sich Zeit, zu erklären, wie jeder einzelne Teil funktioniert.

- Wenn Sie vorgemacht haben, wie einfacher Lobpreis funktioniert, bitten Sie jede Person im Kurs, einen Partner zu suchen. Normalerweise wählen die Teilnehmer einen Freund aus. Wenn jeder einen Partner gefunden hat, bitten Sie jedes Paar, sich mit einem anderen Paar zusammenzutun – so dass vier Personen in jeder Gruppe sind.
- Bitten Sie die Gruppen, sich einen eigenen "Namen" zuzulegen, geben Sie Ihnen dafür ein paar Minuten Zeit; gehen Sie dann im Raum herum und fragen Sie jede Gruppe nach ihrem Namen. Versuchen Sie, die Gruppen während des restlichen Trainings mit diesem Namen anzusprechen.
- In einem einwöchigen Format bringen wir den Teilnehmern gerne zuerst einfachen Lobpreis bei. Wir wiederholen und üben dies während zwei weiterer Einheiten.

PROZESS

- Teilen Sie vierköpfige Gruppen ein.
- Jede Person übernimmt einen anderen Teil des einfachen Lobpreises.
- Jedes Mal, wenn einfacher Lobpreis geübt wird, tauschen die Teilnehmer den Teil des einfachen Lobpreises, den sie anleiten, so dass sie am Ende des Trainings jeden Teil mindestens zweimal ausgeübt haben.

Lobpreis

- Eine Person leitet die Gruppe beim Singen von zwei Lobpreisliedern an (abhängig vom Thema).
- Instrumente sind nicht erforderlich.
- Bitten Sie die Teilnehmer während der Trainingseinheit ihre Stühle zu anzuordnen, als ob sie an einem Tisch im Café zusammensitzen würden.

- Jede Gruppe wird unterschiedliche Lieder singen, und das ist gut.
- Erklären Sie der Gruppe, dass dies eine Zeit ist, Gott als Gruppe aus ganzem Herzen zu loben und nicht um zu sehen, welche Gruppe am lautesten singen kann.

Gebet

- *Eine andere* Person (nicht der Lobpreisleiter) leitet die Gruppe in der Gebetszeit.
- Der Gebetsleiter fragt jedes Gruppenmitglied nach Gebetsanliegen und schreibt diese auf.
- Der Gebetsleiter verpflichtet sich, bis zum nächsten Treffen der Gruppe für diese Anliegen zu beten.
- Nachdem jeder seine Gebetsanliegen mitgeteilt hat, betet der Gebetsleiter für die Gruppe.

Lernen

- Eine *andere* Person in der Vierergruppe leitet die Lernzeit.
- Der Lernzeitleiter erzählt eine Bibelgeschichte mit eigenen Worten; wir empfehlen zumindest für den Anfang Geschichten aus den Evangelien.
- Abhängig von der Gruppe können Sie die Lernzeitleiter bitten, zuerst die Bibelgeschichte vorzulesen und dann in eigenen Worten zu erzählen.
- Nachdem der Lernzeitleiter die Bibelgeschichte erzählt hat, stellt er seiner Gruppe drei Fragen:

  1. Was lehrt uns diese Geschichte über Gott?
  2. Was lehrt uns diese Geschichte über Menschen?
  3. Was habe ich aus dieser Geschichte gelernt, das mir hilft, Jesus nachzufolgen?

- Die Gruppe diskutiert über jede Frage zusammen bis der Lernzeitleiter merkt, dass die Diskussion nachlässt; dann fährt der Leiter mit der nächsten Frage fort.

Übung

- Eine *andere* Person in der Vierergruppe leitet die Gruppenübungszeit.
- Der Übungsleiter hilft der Gruppe, die Lektion zu wiederholen und stellt sicher, dass jeder die Lektion versteht und an andere weitergeben kann.
- Der Übungsleiter erzählt dieselbe Bibelgeschichte, die der Lernzeitleiter erzählt hat.
- Der Übungsleiter stellt dieselben Fragen, die der Lernzeitleiter gestellt hat und die Gruppe diskutiert über jede Frage erneut.

Abschluss

- Die einfache Lobpreisgruppe beendet die Lobpreiszeit, indem ein weiteres Lobpreislied gesungen oder das Vaterunser gemeinsam gebetet wird.

Weitere Lektüre

Ziehen Sie die folgenden Quellen zu Rate für eine tiefergehende Diskussion des vorgestellten Themas. In neuen Missionsfeldern ist dies auch eine gute Liste von Büchern, die als erstes nach der Bibel übersetzt werden können.

Billheimer, Paul (1975). *Destined for the Throne (Bestimmt für den Thron)*. Christian Literature Crusade.

Blackaby, Henry T. und King, Claude V (1990). *Experiencing God: Knowing and Doing the Will of God (Gott erfahren: den Willen Gottes kennen und tun)*. Lifeway Press.

Bright, Bill (1971). *How to Be Filled with the Holy Spirit (Wie man mit dem Heiligen Geist erfüllt wird)*. Campus Crusade for Christ.

Carlton, R. Bruce (2003). *Acts 29: Practical Training in Facilitating Church-Planting Movements among the Neglected Harvest Fields (Apostelgeschichte 29: Praktisches Training der Vereinfachung von Gemeindegründungs-Bewegungen in den vernachlässigten Missionsfeldern)*. Kairos Press.

Chen, John. *Training For Trainers (T4T) (Training für Trainer)*. Unveröffentlicht, kein Datum.

Graham, Billy (1978). *The Holy Spirit: Activating God's Power in Your Life (Der Heilige Geist: Gottes Kraft in deinem Leben freisetzen).* W Publishing Group.

Hodges, Herb (2001). *Tally Ho the Fox! The Foundation for Building World-Visionary, World Impacting, Reproducing Disciples (Das Fundament zum Aufbau weltvisionärer, weltverändernder, nachahmender Jünger).* Spiritual Life Ministries.

Hybels, Bill (1988). *Too Busy Not to Pray (Zu beschäftigt nicht zu beten).* Intervarsity Press.

Murray, Andrew (2007). *With Christ in the School of Prayer (Mit Christus in der Schule des Gebets).* Diggory Press.

Ogden, Greg (2003). *Transforming Discipleship: Making Disciples a Few at a Time (Verändernde Jüngerschaft: Mehrere Jünger gleichzeitig gewinnen).* InterVarsity Press.

Packer, J. I (1993). *Knowing God (Gott kennen).* Intervarsity Press.

Patterson, George und Scoggins, Richard (1994). *Church Multiplication Guide (Gemeindevervielfältigungs-Anleitung).* William Carey Library.

Piper, John (2006). *What Jesus Demands from the World (Was Jesus von der Welt verlangt).* Crossway Books.

www.ingramcontent.com/pod-product-compliance
Lightning Source LLC
Chambersburg PA
CBHW070551030426
42337CB00016B/2450